1905 - Avril - 20

COLLECTION DE M. X.

Vente du Jeudi 20 Avril 1905

HOTEL DROUOT   SALLE N° 8

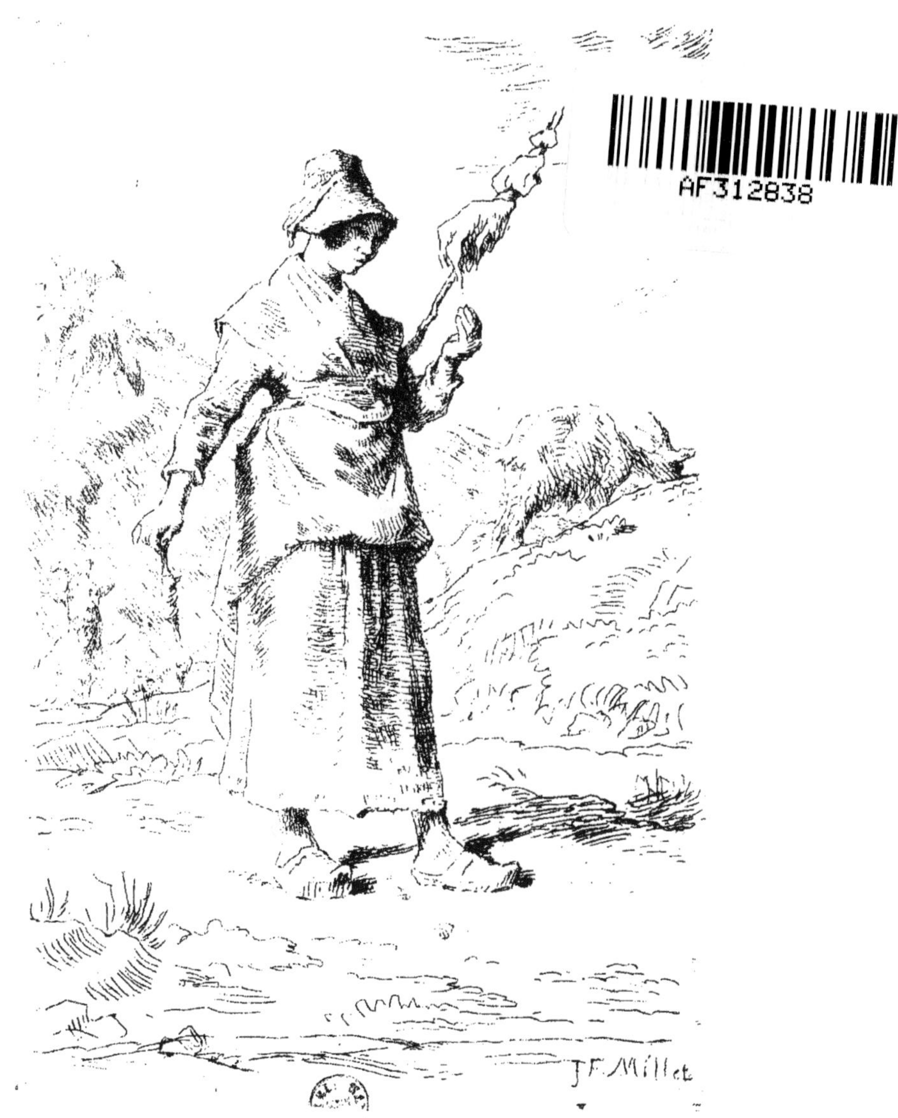

N° 139 du Catalogue.

ESTAMPES
ANCIENNES ET MODERNES

Me MAURICE DELESTRE   M. LOYS DELTEIL

IMPRIMERIE FRAZIER-SOYE

153-157, RUE MONTMARTRE

PARIS

CATALOGUE
D'ESTAMPES
ANCIENNES & MODERNES

(XVIᵉ, XVIIᵉ ET XIXᵉ SIÈCLES)

COMPOSANT

LA COLLECTION DE M. X.

dont la vente aura lieu

à Paris, **HOTEL DROUOT, Salle Nº 8**

Le Jeudi 20ᵉ Avril 1905

à 2 heures précises

- - - - - - - -

Par le Ministère de Mᵉ MAURICE DELESTRE

COMMISSAIRE-PRISEUR

5, rue Saint-Georges

Assisté de M. LOYS DELTEIL, Artiste-Graveur, Expert

22, rue des Bons-Enfants

CONDITIONS DE LA VENTE

Elle sera faite au comptant.

Les acquéreurs paieront *dix pour cent* en sus des prix d'adjudication.

M. Loys Delteil remplira les commissions que voudront bien lui confier les amateurs ne pouvant y assister ; il se réserve, en outre, la faculté de diviser ou de rassembler les lots.

MM. les amateurs pourront visiter la collection, 22, *rue des Bons-Enfants*, du Lundi 10 au Samedi 15 Avril inclus, de 2 heures à 5 heures.

DÉSIGNATION

ALDEGRAVER (H). — ALTDORFER (A.)

1. — Adam et Eve cherchant à éviter la présence
de Dieu (B. 4) — Jugement de Salomon (29)
— Le Triton et la Néréïde (B. 39). Trois
pièces. Belles épreuves.

BÉGA (Corneille).

2. — Scènes rustiques. Neuf pièces. Belles épreuves.

BEHAM (H. S.)

3. — La Parabole de l'Enfant Prodigue (B. 31-34).
Suite de quatre estampes. Bonnes épreuves.

4. — Trajan (B. 82). Très belle épreuve. Collection
Wasset.

5. — Les Travaux d'Hercule (B. 96-107). Suite complète de douze pièces. Très belles épreuves.

6. — Le Triomphe (B. 143) — Combat entre les
Grecs et les Troyens (69) — Les deux Gé-
nies (236). Trois pièces. Belles épreuves.

7. — Marche des nouveaux Mariés de village (B. 178-
185). Suite complète de huit pièces. Belles
épreuves.

8. — La Femme couchée, vue par le dos (B. 215). Deux belles épreuves, *une avant le nuage.*

9. — Vignette au Mascaron, 1544 (B. 228) — Le Mascaron, 1543, (231). Deux pièces. Belles épreuves.

10. — Judith — L'Impossible — Le Mascaron — Les Arts libéraux, etc. Sept pièces.

BOILVIN — WALTNER

11. — *The Mazarin Library* (Les Bibliophiles), d'après Fortuny — Cordes (J. C. de), d'après Rubens (H. B. 19). Deux pièces. Belles épreuves, la seconde *avant la lettre.*

BONVIN — RIBOT

12. — Sujets divers et Paysages. Quinze pièces, la plupart en *premiers états.*

BOSSE (Abraham)

13. — La Parabole de l'Enfant prodigue (G. D. 34-39). Suite complète de six pièces. Très belles épreuves de la collection W. Esdaile.

14. — Les Saisons (G. D. 1082-1085). Suite complète de quatre pièces. Très belles épreuves.

15. — Les quatre Ages de la vie. Suite complète de quatre pièces. Belles épreuves.

16. — Seigneur jouant du luth (G. D. 1362) — Berger jouant de la musette (1364) — Berger tenant sa houlette (1366) — Femme faisant de la tapisserie (1371). Quatre pièces. Belles épreuves.

BOUCHARDON (d'après Edme)

17. — *Etudes prises dans le bas Peuple ou les Cris de Paris*, 1737-1738, 3 suites de 12 pl. soit trente-six pièces. Très belles épreuves en 1 vol. in-4 cart. On y a joint vingt-deux planches pour la même série, en feuilles.

BOYVIN (René)

18. — Histoire de Médée et de Jason. Dix pièces d'une suite de 14 planches. Belles épreuves.

BRACQUEMOND (Félix)

19. — Erasme, d'après Holbein (H. B. 39). Très belle et rare épreuve *avant la lettre, signée.*

20. — Margot la critique (H. B. 113) Superbe et fort rare épreuve du 2ᵉ état, sur *papier de chine jaune et vieux papier de hollande.*

21. — La Mort de Matamore (H. B. 177). Superbe et rare *épreuve d'essai.*

22. — La Nuée d'orage (H. B. 219). Superbe épreuve sur japon, *signée.*

23. — Les Hirondelles (H. B. 225). Très belle et rare épreuve du 2ᵉ état.

24. — Boissy-d'Anglas à la Convention, d'après Eug. Delacroix (H. B. 341). Superbe épreuve *d'essai.*

25. — Ils s'en allaient dodelinant... — Le Haut d'un battant de porte — Sarcelles — La Terrasse de la villa Brancas. Quatre pièces. Belles épreuves.

BRY (J. Th. de)

26. — Les Noces d'Isaac et de Rébecca (Ch. Le Bl. 2)
— Le Triomphe de Jésus-Christ (6) — Le
Triomphe de Bacchus, d'après J. Romain (16)
— La Fontaine de Jouvence (20), d'après
Beham — Marche de soldats, d'après Titien
(98), ou le Triomphe de la Mort. Cinq pièces.
Belles épreuves.

BUHOT (Félix)

27. — Un Débarquement en Angleterre (G. B. 130).
Très belle épreuve.

28. — Une jetée en Angleterre (G. B. 132). Très
belle épreuve du 2ᵉ état, *avec les croquis.*

29. — Le petit Enterrement (G. B. 154) — Les Anes
de la butte aux Cailles (74) — Spleen et Idéal
(73). Trois pièces. Très belles épreuves.

30. — Un Grain — Paysages — Les Anes — Vases —
Croquis divers. Vingt-deux pièces. Belles
épreuves.

CALLOT (Jacques)

31. — Portraits de Callot, par Abr. Bosse et M. Lasne.
Deux pièces. Belles épreuves.

32. — Le Passage de la Mer rouge (M. 1). Deux belles
épreuves du 1ᵉʳ état.

33. — La Parabole de l'Enfant prodigue (M. 53-63).
Suite complète de onze pièces. Belles
épreuves du 2ᵉ état.

34. — La même suite. Belles épreuves du même état.
Collection L. Galichon.

35. — Le Triomphe de la Vierge (M. 100). Très belle
épreuve du 2ᵉ état.

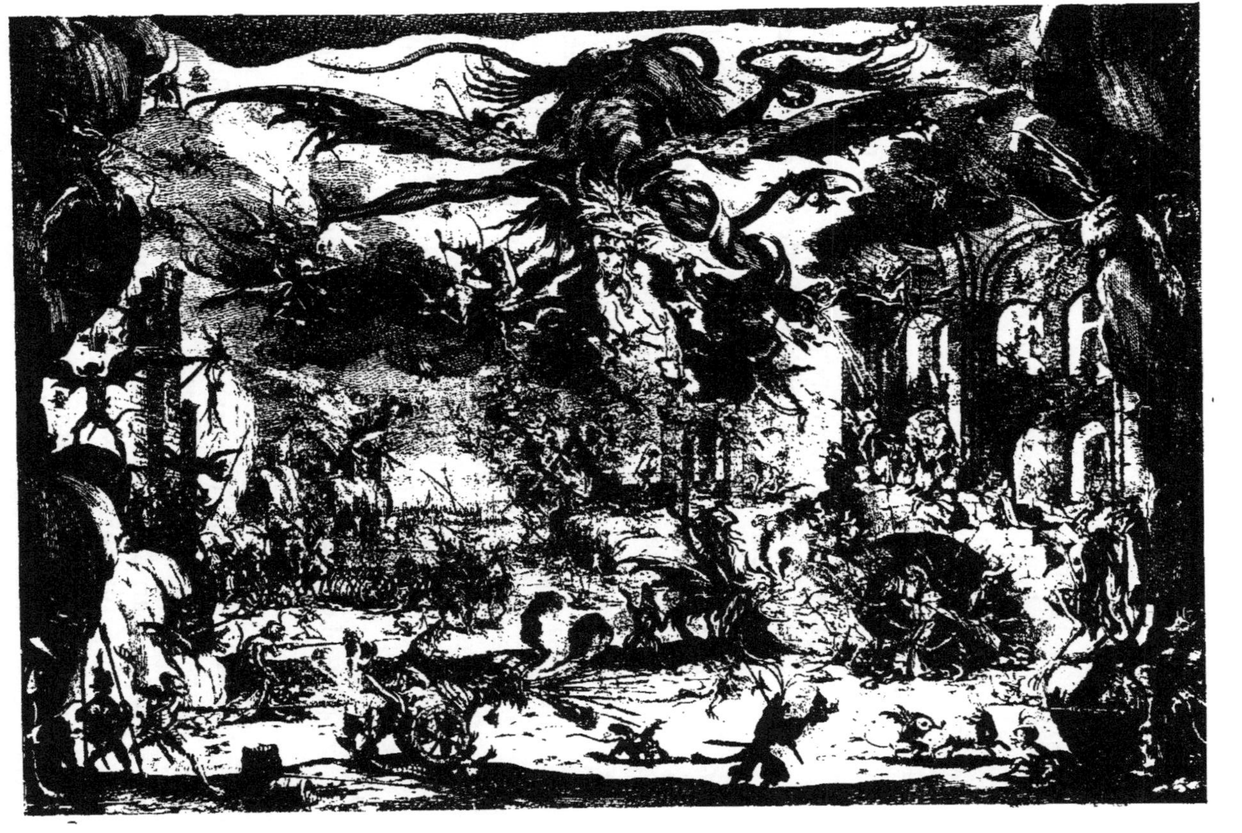

N° 17 du Catalogue.

36. — Le Sauveur, la Vierge et les douze Apôtres (M. 104-119). Suite complète de seize pièces. Très belles épreuves, *avant les n^{os}*. Collection L. Galichon.

37. — La Tentation de St-Antoine (M. 130). Très belle épreuve *avant le trait échappé.*

38. — La même estampe. Epreuve avec le trait échappé.

39. — Les Martyrs du Japon (M. 155). Très belle épreuve du 1er état. Collection L. Galichon.

40. — Les Péchés capitaux (M. 157-163). Suite complète de sept pièces. Belles épreuves du 2e état.

41. — Médicis (Franç. de) (M. 429) — Donato dell Antella (430), rare — Deruet (Cl.) (505). Trois pièces. Belles épreuves.

42. — Estampes décorant le livre intitulé : *Combat à la barrière*, par Henry Humbert, 1627. (M. 492-503). Suite de onze pièces (manque la pl. 11 = le bras armé). Très belles épreuves du 1er tirage.

43. — Principaux faits du règne de Ferdinand 1er de Médicis (M. 534-549). Dix pièces d'une suite de seize. Belles épreuves.

44. — Les grandes Misères de la Guerre (M. 564-581). Suite complète, composée d'épreuves originales et de deux copies.

45. — L'Eventail (M. 617). Original et copie de Bonnart. Deux pièces.

46. — Carrière et rue Neuve de Nancy (M. 621). Belle épreuve avec l'adresse d'Isr. Silvestre.

47. — Parterre ou Jardin de Nancy (M. 622). Deux épreuves du 1er état, une très belle.

48. — Le Jeu de boules ou la Foire de Gondreville
(M. 623). Belle épreuve du 2ᵉ état, *avant
l'adresse d'Israël Silvestre.*

49. — Balli ou Cucurucu (M. 641-664). Suite complète
de vingt-quatre pièces. Très belles épreuves
du 1ᵉʳ état.

50. — Les Supplices (M. 665). Belle épreuve du 3 état.

51. — Les Bohémiens (M. 667-670). Suite de quatre
pièces. Deux suites. Bonnes épreuves.

52. — La Noblesse (M. 673-684). Suite complète de
douze pièces. Belles épreuves du 1ᵉʳ état.

52 *bis.* — Les Gueux ou Mendiants (M. 685-704). Suite
complète de vingt-cinq pièces, 1ᵉʳ état, en
1 alb. cart.

53. — La petite Treille (M. 710) — La Chasse (711).
Deux pièces. Belles épreuves.

54. — La petite vue de Paris (M. 712). Très belle
épreuve du 2ᵉ état.

55. — Les Bossus ou Gobbi (M. 747-767). Suite
complète de vingt-et-une pièces. Belles
épreuves du 1ᵉʳ état.

56. — Sujets religieux — Caprices — Paysages. Environ quarante pièces.

CHAMPOLLION (E.)

57. — L'Embarquement pour Cythère, d'après A. Wat-
teau. Superbe épreuve d'artiste, sur japon,
avec dédicace.

CHAUVEL (Théophile)

58. — La Mare, d'après Th. Rousseau (L. D. 42).
Superbe épreuve, *avant la lettre,* sur *parchemin.*

59. — La Barque, d'après Corot (45) -- La Charette de foin, d'après Dupré (58) — Le Tronc d'arbre, d'après Diaz (51). Trois pièces. Très belles épreuves, *avant la lettre*, sur *parchemin*.

COROT (J.-B. C.)

60. — Souvenir de Toscane (A. Robaut 1). Très belle et rare épreuve du 2ᵉ état, *avant la lettre* et avec les *angles du cuivre aigus*.

60 *bis*. — La même estampe. Très belle épreuve *avant la lettre*, les *angles du cuivre arrondis*.

61. — L'Etang de Ville d'Avray (A. R. 3). Très belle épreuve sur grand papier.

DAUBIGNY — HARPIGNIES — HERVIER

62. — Paysages et Scènes rustiques. Treize pièces. Belles épreuves.

DELACROIX (Eugène)

63. — Tigre couché dans le désert — Arabes d'Oran — Tigre jouant avec sa mère — Frère Martin et Goetz, etc. Sept pièces. Belles épreuves.

DELAULNE (Etienne)

64. — Histoire de la Genèse (R. D. 24-59). Suite de trente-six pièces. Très belles épreuves. (Les pl. 1 à 6, et 8, 9, 10, sont des copies).

65. — Les Mois (R. D. 225-236). Suite complète de 12 pièces. Belles épreuves.

66. — Sujets de l'Histoire grecque et romaine — Batailles en forme de frises. Seize pièces. Belles épreuves.

DELAUNEY (Alfr.)

67. — Cathédrale d'Amiens (H. B. 302), épr. d'état
— Eglise St-Pierre, à Caen (292) — Harfleur
(293). Trois pièces gr. in-fol. Très belles
épreuves.

DETAILLE (Édouard)

68. — Chasseur à cheval, de profil — Un Cuirassier
— Un Uhlan — Trompette de Chasseurs à
cheval. Quatre pièces. Très belles épreuves,
avant la lettre.

DORÉ (d'après Gustave)

69. — La Divine Comédie — Don Quichotte —
Fables de La Fontaine, etc. Environ 120
pièces.

DURER (Alb.)

70. — La Face de Jésus-Christ (B. 25). Belle épreuve.

71. — La Vierge donnant le sein à l'Enfant Jésus (B.
36). Belle épreuve. On y a joint l'Enfant
prodigue (B. 28), Copie A.

72. — St-Sébastien (B. 56). Belle épreuve.

73. — La Sorcière (B. 67). Très belle épreuve. Collection Poggi.

74. — La famille du Satyre (B. 69). Belle épreuve.

75. — Le Groupe des quatre femmes nues (B. 75).
Belle épreuve.

76. — Le petit Courrier (B. 80). Belle épreuve.

77. — Le Seigneur et la Dame (B. 94). Très belle
épreuve.

DYCK (Ant. van)

78. — Snellincks (J.) (D. 10). Belle épreuve.

EAUX-FORTES MODERNES

79. — L'Orage — Le Trouble — Mlle Mou-Mou — Trappistes labourant — La Surprise, d'après Boilly — Cerf et Biche de Virginie, La Chanson, d'après Meissonier, etc. Dix pièces par Ch. Jacque, Herkomer, Desboutin, Lançon, Boilvin, Strang, Bodmer, Vion, etc. Très belles épreuves.

79 *bis*. — Sujets divers et Paysages. Vingt-huit pièces par Boilvin, Courtry, Fonce, Waltner, Chifflart, etc.

ECOLE ANCIENNE

80. — Sujets divers. Dix-sept pièces par ou d'après A. Durer, M. Antoine, Van Dyck, Hopfer, etc.

EDELINCK (Gérard)

81. — De Blye (J. B.), d'après G. Ladame (R. D. 180). Belle épreuve.

82. — Le Brun (Ch.), d'après N. de Largillière (R. D. 238). Belle épreuve.

83. — Silvestre (Israël), d'après Ch. Le Brun (R. D. 319). Belle épreuve.

84. — Carcavy (P. de), d'après Testelin (R. D. 163) — Du Laury (R.), d'après J. van Oost (R. D. 188) — Mansart (J. H.), d'après H. Rigaud. Trois pièces. Belles épreuves.

FICQUET — GRATELOUP

40   85. — La Fontaine, d'après Rigaud — Montaigne,
          d'après Dumonstier — Descartes, d'après
          Hals — Rousseau (J. B.), d'après Aved.
          Quatre pièces. Belles épreuves.

FLAMENG (Léopold)

41   86. — Laurens (Jean-Paul) — Mme Devauçay,
          d'après Ingres — Blue boy, d'après Gains-
          borough — Miss Graham — La Sulamite,
          d'après Cabanel — Hassan et Namonna,
          d'après H. Regnault, etc. Treize pièces. Belles
          épreuves *avant la lettre*.

GAILLARD (C. F.)

50   87. — La Vierge au donateur, d'après J. Bellin (H. B.
          16). Très belle et très rare épreuve *avant la
          lettre*, sur chine, *les noms tracés à la pointe*.

200   88. — L'Homme à l'œillet, d'après Van Eyck (H. B.
          25). Très belle épreuve, *avant la lettre*, sur
          chine.

50   89. — La Vierge de la Maison d'Orléans, d'après
          Raphaël (H. B. 26). Très belle et rare épreuve
          avant la lettre, avec le nom du graveur tracé
          à la pointe.

15   89 *bis*. — Le Crépuscule, d'après Michel Ange (32).
          Belle épreuve d'état. On y a joint un *cro-
          quis*, Portrait de Femme.

20   90. — Tête de cire du Musée de Lille (H. B. 36). Très
          belle épreuve, *avant la lettre*, sur chine.

20   91. — St-Georges, d'après Raphaël (H. B. 45). Très
          belle et rare épreuve d'essai.

GAULTIER (Léonard)

92. — Scènes du Nouveau Testament. Vingt-quatre petites pièces. Belles épreuves.

GELLÉE (Claude)

93. — L'Apparition (R. D. 2). Très belle épreuve des collections W. Esdaile et Arozarema.

94. — Le Passage du gué (3) — Mercure et Argus (17). Deux pièces. Belles épreuves.

95. — Le Port de mer à la grosse tour (13). Très belle épreuve.

96. — Le Chevrier (19). Deux belles épreuves.

97. — Le Temps, Apollon et les Saisons (20) — Les Quatre chèvres (27). Deux pièces. Très belles épreuves.

98. — L'Enlèvement d'Europe (22) — Le Campo-Vaccino (23). Deux pièces. Belles épreuves.

GOYA (F.)

99. — Guzman (Gusp. de), d'après Velasquez. Très belle épreuve.

HADEN (F. Seymour)

100. — Egham sur la Tamise (R. D. 14). Belle épreuve.

101. — La Tamise à Battersea (45). Très belle épreuve *avant le ballon.*

102. — Thamis Ditton, avec un bateau (64). Très belle épreuve, sur japon. — Brick à l'ancre (130). Deux pièces.

103. — Le Bac de Brentford (66). Très belle épreuve, *signée.*

HERVIER (Adolphe)

104. — LES MARCHÉS DE PARIS (1847-1848) : Marché au cresson — Marché aux œufs — Marché au beurre — Marché pouilleux, rue de Sèvres. Très belles épreuves sur chine.

HUOT — SALMON — LECOMTE

105. — Denon, d'après Prudhon — Portrait, d'après Raphaël — Lamennais, d'après Scheffer — Le Concert champêtre, d'après Giorgione. Cinq pièces in-fol. Très belles épreuves, *avant la lettre*.

JACQUE (Charles)

106. - Femme donnant à manger à des porcs — Troupeau de porcs sortant d'un bois — La Nourrice — Buveurs, etc. Douze pièces. Belles épreuves.
On y a joint un dessin, croquis de porcs.

JACQUEMART (Jules)

107. — Buste de Heni III. Très belle épreuve, *avant la lettre*.

108. — Défilé des populations Lorraines devant l'Impératrice — Le Soldat et la Fillette qui rit — Intérieur de tabagie — Rembrandt, etc. Huit pièces. Très belles épreuves.

LALANNE (Maxime)

109. — Bords de la Tamise (H. B. 56) — Trouville, marée basse (116) — Bordeaux, effet de neige (50). Trois pièces. Très belles épreuves.

LALAUZE — JASINSKI

110. — Du Barry (Mme), d'après M. Q. de La Tour. Superbe épreuve *d'état*, avec *dédicace* — — Warham (W.) d'après Holbein. Superbe épreuve, *signée*. Deux pièces.

LEGROS (Alphonse)

111. — Le Grand Espagnol (Th. et P. M. 28) — Paysanne assise près d'une haie (241). Deux pièces. Très belles épreuves, la seconde *signée*.

112. — La Charrue (81). Très belle épreuve *avant le nom de l'imprimeur*.

113. — La Mort du vagabond (89). Superbe épreuve, *signée*.

114. — Les Bûcherons (Th. et P. M. 95). Grand in-fol. Superbe épreuve, *numérotée*.

LEYDE (Lucas de)

115. — Histoire de la création et de la chûte du premier homme (B. 1 à 6). Suite complète de six pièces.

116. — Caïn tuant Abel (13) — Joseph interprétant les songes de Pharaon (23). Deux pièces. Belles épreuves.

117. — Esther devant Assuérus (B. 32). Belle épreuve *avant l'adresse de M. Petri.*

118. — La Vierge avec l'Enfant Jésus, dans un paysage (B. 84). Belle épreuve.

119. — St-Pierre et St-Paul (106) — La Vieille à la grappe de raisin (151). Deux pièces. Belles épreuves.

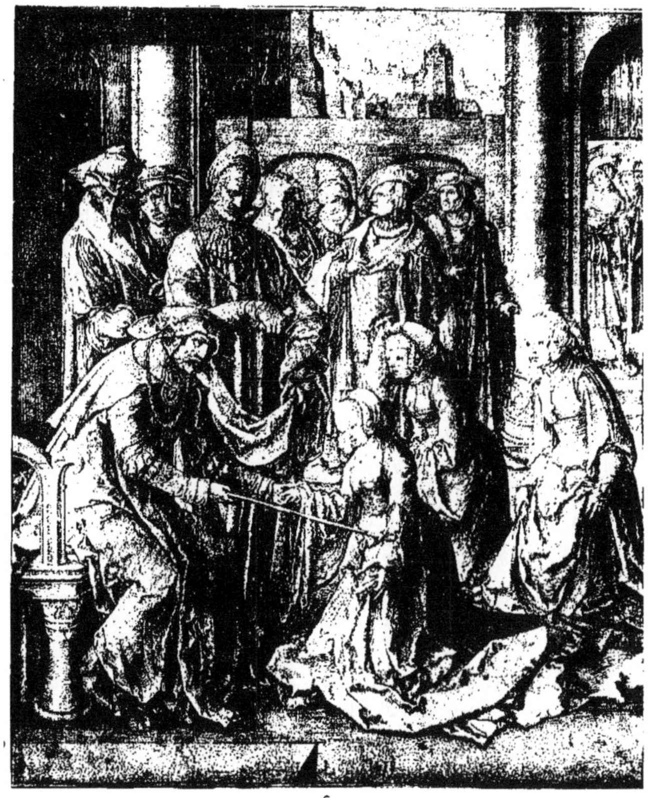

N° 117 du Catalogue.

LUNOIS (Alexandre)

10

120. — Le Jour de paie ?... d'après Lhermitte. Superbe épreuve sur chine, avec *remarque, signée*.

MERYON (Charles)

16

121. — Le Pavillon de Mademoiselle et une partie du Louvre, d'après Zeeman — Le Ministère de la Marine, épr. *avant la lettre*. Deux pièces.

122. — Entrée du Couvent des Capucins, à Athènes. Superbe épreuve du 2ᵉ état.

123. — Le Pont-Neuf et la Samaritaine. Très belle épreuve.

124. — Ancienne porte du Palais-de-Justice — Tombeau de Molière — Tourelle, rue de l'École de Médecine — Armes de la Ville de Paris — Titre des Eaux-fortes sur Paris — La Pompe Notre-Dame. Six pièces.

125. — Le Stryge. Belle épreuve du 2ᵉ état, *avant le titre*.

126. — Le petit Pont. Très belle épreuve du 2ᵉ état, *avant le titre*.

127. — L'Arche du Pont Notre-Dame. Très belle épreuve du 2ᵉ état, *avant la lettre*.

128. — La Galerie Notre-Dame. Très belle épreuve du 2ᵉ état, *avec le titre*.

129. — Tourelle de la rue de la Tixéranderie. Superbe épreuve de 2ᵉ état, *avant le titre*.

129 bis. — La même pièce. Très belle épreuve du 3ᵉ état.

130. — St-Étienne-du-Mont. Très belle épreuve du 2ᵉ état, *avant que les bras de l'ouvrier n'aient été regravés*.

131. — La petite Pompe — Bain-froid chevrier — Collège Henri IV — Marine — Brebis et agneau — Vue de la Nouvelle Zélande. Six pièces. Très belles épreuves.

132. — Le Pont-Neuf. Très belle épreuve du 4ᵉ état, la *cheminée effacée*, mais *avant la date*.

133. — La Morgue. Très belle épreuve du 2ᵉ état, *avant les inscriptions*, (remontée).

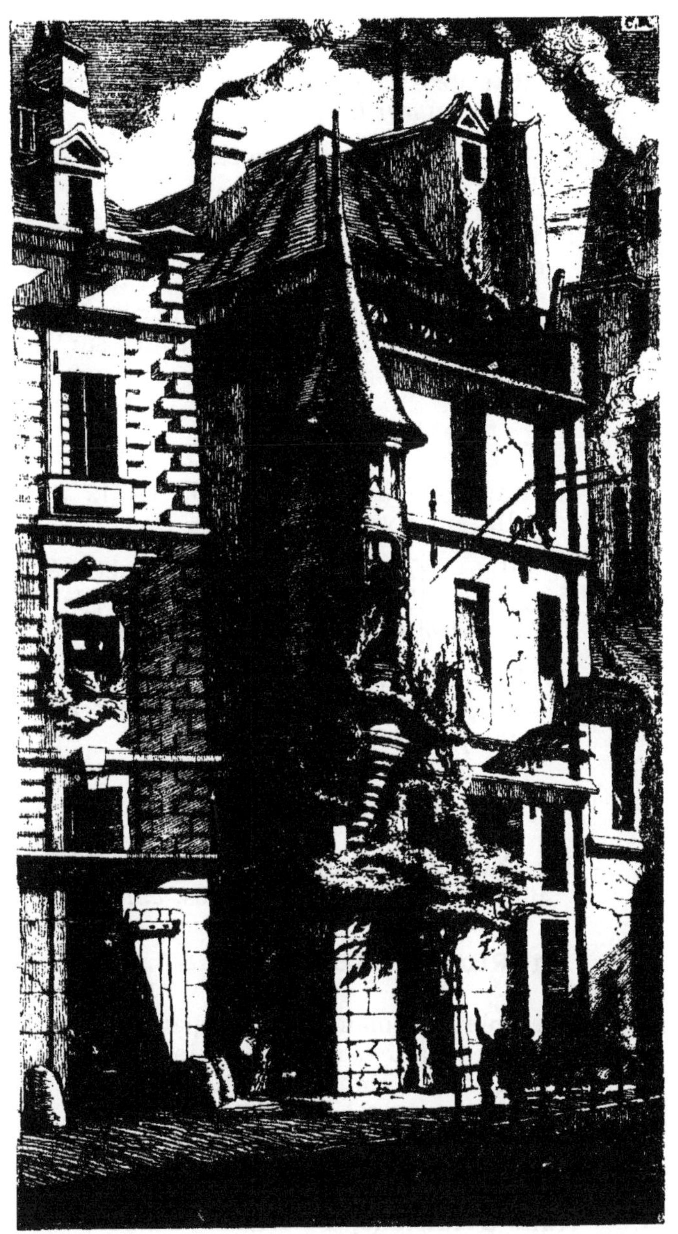

Nᵒ 129 du Catalogue.

180

134. — La Rue des Chantres. Très belle épreuve du 3ᵉ état, *avant la lettre*.

270

135. — La Rue des Toiles, à Bourges. Très belle épreuve du 1ᵉʳ état, avec le chien.

80

136. — La même estampe. Très belle épreuve du 4ᵉ état, avec le titre.

720

137. — Ancienne habitation à Bourges. Superbe épreuve *avant la lettre*, tirée sur papier *verdâtre*.

MILLET (J. F.)

20

138. — L'Homme appuyé sur sa bêche (A. L. 4). Très belle épreuve.

220

139. — La Fileuse (A. L. 21). Très belle et très rare épreuve d'essai, *avant l'astérisque, les bords du cuivre non nettoyés*.

14

140. — Le Village au bord de la mer, par J.-B. Millet — Scènes rustiques, gravées par Lavielle. Onze pièces. Belles épreuves.

MONNIER (Henry)

7

141. — Six Quartiers de Paris (432-438). Suite de six pièces. Très belles épreuves, *coloriées*.

MOREAU LE JEUNE (d'après J. M.)

29

142. — Exemple d'humanité donné par Mme la Dauphine (Marie-Antoinette), le 16 8ᵇʳᵉ 1773, par Martini et Dambrun. Belle épreuve (sans marge).

MORIN (Jean)

22

143. — Anne d'Autriche, 2 portraits différents (R. D. 41-42). Très belles épreuves.

NANTEUIL (Robert)

144. — Guébriant (J. B. Budes de) (R. D. 104). Très belle épreuve du 1ᵉʳ état. Collections Didot et L. Galichon.

145. — La Meilleraye (Duc de) (R. D. 118). Superbe épreuve du 1ᵉʳ état. Collections Brentano, Didot et L. Galichon.

146. — Longueil (René de), 1661 (R. D. 166), 3ᵉ état (sur 6). — Sève (Alex. de) (82). Deux pièces. Très belles épreuves.

147. — Streenberghem (J. B. van), dit l'*Avocat de Hollande*, d'après Duchastel. Belle épreuve.

148. — Castelnau (Mⁱˢ de) — Livry (Dom. de) (145). Deux pièces. Très belles épreuves.

149. — Anne d'Autriche — Servien (Abel) — Dorieu (J.) — Lamoignon (Guil. de) — Mercœur (L. de Vendôme, duc de). Cinq pièces. Belles épreuves.

OSTADE (Adrien van)

150. — La Tendresse champêtre (B. 11). Très belle épreuve. Collection Robert-Dumesnil.

151. — La Cruche vide (B. 15). Très belle épreuve, *avant les dernières retouches*. Collection du Pᶜᵉ Soutzo.

152. — Les Harangueurs (B. 19). Belle épreuve *avant le trait échappé*: sur *papier à la folie*.

153. — La Famille (B. 46). Belle épreuve. Collection Galichon.

154. — La Danse au cabaret (B. 49). Belle épreuve.

16

155. — L'Homme appuyé sur le bas de sa porte (9) — La Dévideuse (25) — La Poupée demandée (16) — Le Maître d'Ecole (17) — Gueux au dos courbé (20) — Boulanger sonnant du cornet (7). Six pièces. Belles épreuves.

32

156. — Le Bénédicité (34) — Le Coup de couteau (18) — La Mère et les deux Enfants (14) — Le Fumeur et le Buveur (24 A) — Le Savetier (27) — La Grange (23) — Le Violon et le petit vielleur (45). Sept pièces. Belles épreuves.

22

157. — Le Fumeur à la fenêtre (B. 10) — Le Savetier (27) — Le Coup de couteau (18) — Le Bénédicité (34) — Le Fumeur (5) — Le Fumeur riant (6) — Les fumeurs (13) — La Poupée demandée (16) — Le Peintre (32) — L'Homme et la femme causant ensemble (12). Dix pièces. Belles épreuves.

80

158. — La Chanteuse — Les deux Commères — Le Peintre — Le Goûter — Paysan qui rit, etc. Vingt-deux pièces.

PENCZ (G.)

13

159. — Joseph et Putiphar (B. 12) — Suzanne et les vieillards (27) — Jésus tenté par le démon (39) — Mort de Lucrèce (79). Quatre pièces. Belles épreuves.

38

160. — Les six Triomphes décrits par Pétrarque (B. 117-122). Suite complète. Belles épreuves.

PITAU — SCHUPPEN — MULLER

42

161. — Petau (A.), d'après C. Le Fevre — Meulen (A. F. van der), d'après N. de Largillière — Nassau (Maurice, C.ᵉ de), d'après Mirevelt. Trois pièces. Très belles épreuves.

PRUDHON (d'après P. P.)

162. — La Vengeance de Cérès -- L'Amour enchaîné.
Deux pièces par Copia, une *avant la lettre*.

RAFFET (A.)

163. — La Revue nocturne — Abordez l'ennemi… —
Conquête de la Hollande — Il est défendu
de fumer. Quatre pièces. Belles épreuves.

RAIMONDI (M. Ant.)

164. -- La Vierge à la longue cuisse (B. 57). Belle
épreuve.

RAJON (Paul)

165. — Mrs Siddons, d'après Gainsborough (H. B. 101).
Superbe épreuve *avant la lettre*, tirée sur
papier ancien.

166. — Lady Hamilton, en Bacchante, d'après Romney
(H. B. 103). Très belle épreuve, *avant toute
lettre*, sur japon.

167. — Marine, d'après Turner — Mlle Olivier — Le
Muezzin, d'après Gérôme — Le Repas de
Famille, d'après J. Steen. -- Portrait, d'après
Titien — Portraits et sujets divers. Vingt-
trois pièces *en épreuves d'essai*; plusieurs
doubles.

RECUEILS

168. — *Four Masters of etching*, by Frederick Wed-
more — London, The Fine Art Society,
1883 — broch. in-4, renfermant quatre eaux-
fortes par Seymour-Haden, Jacquemart.
Whistler et Legros.

REMBRANDT VAN RYN

169. — Rembrandt aux cheveux crépus (B. 1). Belle épreuve.

170. — Rembrandt avec une écharpe autour du cou (B. 17). Belle épreuve et contre épreuve. Deux pièces.

171. — Rembrandt appuyé (B. 21). Belle épreuve (rognée).

172. — Rembrandt dans un ovale (B. 23). Epreuve *avec les oreilles*. Rare.

173. — Adam et Eve (B. 28). Très belle épreuve du 2ᵉ état.

174. — Joseph racontant ses songes (B. 37). — David en prière (41). Deux pièces. Belles épreuves.

175. — L'Ange disparaissant devant la famille de Tobie (B. 43). Belle épreuve du 1ᵉʳ état.

176. — L'Adoration des Bergers (B. 46). Très belle épreuve.

177. — Petite Circoncision (B. 48). Belle épreuve.

178. — La Présentation au Temple (en largeur) (B. 49). Belle épreuve *avant les dernières retouches*. (lég. rognée).

179. — La Présentation au Temple (B. 51). Belle épreuve du 2ᵉ état. Collection J. Barnard et Arozarena.

180. — Fuite en Egypte (effet de nuit) (B. 53). Très belle épreuve.

181. — Les grands Disciples d'Emmaüs (B. 57). Très belle épreuve.

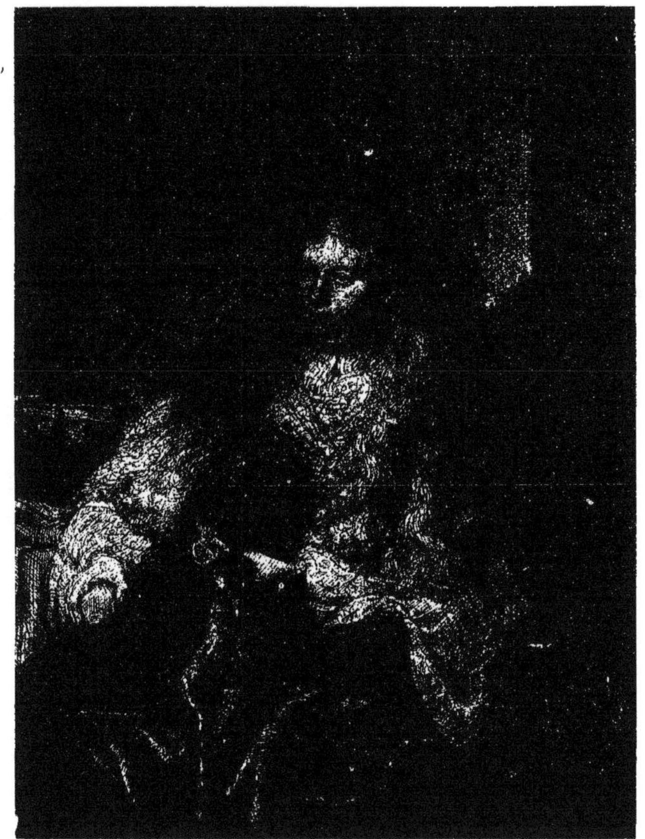

N° 213 du Catalogue.

182. — La Vierge au chat (B. 63). Belle épreuve du
1er état.

183. — Jésus au milieu des Docteurs (B. 64). Deux
belles épreuves et une contre-épreuve.

184. — Jésus chassant les Vendeurs du Temple (B. 69).
Belle épreuve du 1er état.

185. — La Samaritaine, dite aux Ruines (B. 71). Belle épreuve.

186. — La petite Résurrection de Lazare (B. 72). Belle épreuve du 1ᵉʳ état.

187. — La grande Résurrection de Lazare (B. 73). Très belle épreuve du 6ᵉ état. Collections Didot et L. Galichon.

187 bis. — La même estampe. Belle épreuve.

188. — Le Denier de César (B. 81). Très belle épreuve.

189. — Descente de croix, dite au *flambeau* (B. 83). Très belle épreuve. Collection Galichon.

190. — Le Retour de l'Enfant prodigue (B. 91) — Le Martyre de St-Etienne (97). Deux pièces. Belles épreuves.

191. — La Mort de la Vierge (B. 99). Belle épreuve.

192. — Paysage à la vache qui s'abreuve (B. 104). Belle épreuve. Collection Galichon.

193. — La Jeunesse surprise par la Mort (B. 109). Belle épreuve.

194. — Les Musiciens ambulants (B. 119). Deux belles épreuves, une du 1ᵉʳ état.

195. — Le petit Orfèvre (B. 123) — Le Jeu de Kolef (125). Deux pièces. Belles épreuves.

196. — Juif à grand bonnet (B. 132) — Gueux se chauffant les mains (173) — Les Baigneurs (195). Trois pièces. Belles épreuves.

197. — Vieillard à courte barbe (B. 147). Très belle épreuve. Collection Bohm.

198. — Le Persan (B. 152). Belle épreuve.

199. — Grand gueux debout (B. 162) — Gueux debout (163). Deux pièces. Belles épreuves.

200. — Gueux et gueuse (164) — Femme à la calebasse (168) — Vieille mendiante (170). — Juif à grand bonnet (132) — Homme à cheval (139). Cinq pièces. Belles épreuves.

201. — Gueux assis sur une motte de terre (B. 174). Belle épreuve du 1ᵉʳ état.

202. — Figures académiques d'hommes (194), 1ᵉʳ état — Femme nue, les pieds dans l'eau (B. 200) — La Négresse couchée (205). Trois pièces. Belles épreuves.

203. — Diane au bain (B. 201). Belle épreuve. Collection Linck.

204. — Vieillard portant les mains à son bonnet (B. 259). Très belle épreuve du 1ᵉʳ état.

205. — Vieillard à grande barbe et bonnet fourré (B. 362). Très belle épreuve. Collection F. Debois.

206. — Homme à barbe courte et bonnet fourré (B. 263) — Vieillard à barbe carrée (265) — Homme à bouche de travers (305). Trois pièces. Belles épreuves.

207. — Linden (Antonides Vander) (B. 264). Belle épreuve.

208. — Menasseh-ben-Israel (B. 269). — Anslo (Renier) (271), copie. Deux pièces.

209. — Jonghe (Clément de) (B. 272). Belle épreuve.

210. — Lutma (Jean) (B. 276). Belle épreuve.

211. — Première tête orientale (B. 286). Belle épreuve.

212. — Tête d'homme chauve (B. 294) — Tête à demi chauve (296) — Homme avec bonnet (307). Trois pièces. Belles épreuves.

213. — La grande Mariée juive (B. 340). Très belle épreuve *avec le point noir sur la joue, encore apparent*. Collection du P⁰ᵉ de Paar.

214. — La Liseuse (B. 345) — La Mauresse blanche (357). Deux pièces. Belles épreuves.

215. — Femme coiffée en cheveux (B. 347). Belle épreuve. Collection H. Weber.

216. — Buste de la Mère de Rembrandt (B. 349). Deux belles épreuves, une *avant les dernières retouches*.

217. — Buste de Femme âgée (B. 358). Belle épreuve.

218. — Trois têtes de Femmes, dont une qui dort (B. 368). Très belle épreuve. Collection Graef.

219. — Rembrandt au chapeau rond et au manteau brodé — Joseph et Putiphar — Tête d'homme de face — La Faiseuse de Koucks — Le Persan — La Fortune contraire — Paysan et paysanne marchant. Sept pièces.

219 bis. — Sujets divers. Quinze pièces.

RODIN (A.)

220. — Victor Hugo, de face. Très belle et très rare épreuve du 2ᵉ état, avec les initiales A. R., mais *avant que le cuivre n'ait été réduit de 19 mill.*

220 bis. — La même estampe. Très belle épreuve du 3ᵉ état, *avant la lettre*.

ROPS (F.)

221. — La Petite Femme à la fourrure, assise (E. R. 45).
Très belle épreuve, *signée*.

222. — Les Laveuses, 1ᵉʳ fragment de la Buée d'automne (110). Très belle épreuve sur japon,
signée.

223. — Dans la Pusta (123). Belle épreuve sur japon,
signée.

224. — Très vieille — Le Pendu — Vendangeuse —
La Poupée du satyre, etc. Six pièces. Belles
épreuves.

SAENREDAM (J.)

225. — Les quatre Parties du Jour, d'après H. Goltzius
(B. 91-94). Belles épreuves.

SCHŒNGAUER (M.)

226. — Saint Jean-Baptiste (B. 54). Très belle épreuve,
découpée et remontée.

SOMM (H.) — GAUTIER (Lucien)

227. — Sujets divers — Vues de Paris. Seize pièces.
Très belles épreuves.

TISSOT (J.)

228. — Printemps (H. B. 27). Très belle épreuve,
signée.

229. — Le Hamac (H. B. 37) — Rêverie (43) — Le Journal (64). Trois pièces. Très belles épreuves,
signées et *timbrées*.

230. — L'Enfant prodigue, titre et quatre planches (H.
B. 48-52). Très belles épreuves, *timbrées*.

VIGNETTES

231. — Vignettes modernes pour divers auteurs. Environ cent-cinquante pièces, la plupart en épreuves d'essai.

WALTNER (Ch. Alb.)

232. — L'Etude, d'après H. Fragonard (H. B. 11). Superbe épreuve, *avant la lettre*, sur japon, *signée*.

WHISTLER (J. M. N.)

233. — Alderney Street (W. 196). Très belle épreuve, *avant le nom de l'imprimeur*.

ZORN (Anders)

234. — Rosita Mauri (H. B. 27). Très belle épreuve, sur japon.

IMPRIMERIE

FRAZIER-SOYE

153-157, Rue Montmartre

PARIS

www.ingramcontent.com/pod-product-compliance
Ingram Content Group UK Ltd.
Pitfield, Milton Keynes, MK11 3LW, UK
UKHW022323170726
13837UKWH00005BA/2128

9 782329 538082